Michael Landgraf

PÄLZISCH
(Pfälzisch)

Einführung und Grundkurs
für Einheimische und Fremde

Mit Illustrationen von
Steffen Boiselle

 AGIRO

Inhalt

Vornewegg – Vorwort

Wer in der Pfalz lebt oder sie bereist, der spürt die Liebe der Pfälzer zu ihrer Sprache. Wer also die Menschen hierzulande verstehen will, der sollte dem Pfälzischen auf den Grund gehen. Pfälzer drücken sich in ihrer „Mudderschprooch" klarer und unmittelbarer aus. Wie lebendig diese Sprache ist, zeigen viele Mundartwettbewerbe und die große Nachfrage nach Mundartliteratur.

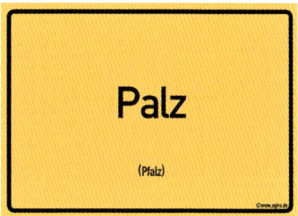

Dieser „Grundkurs" führt in die Eigenarten des Pfälzischen ein und geht dessen Wurzeln auf den Grund. Diese reichen bis in die Zeit der Franken – oder sogar bis in die Zeit der Bibel?
Vorgestellt werden die Dialektregionen der Pfalz und wo man überall auf der Welt Pfälzisch spricht. Grammatikalisches wird erschlossen und der Grundwortschatz bietet unverzichtbare Basisworte für die Kommunikation in der Pfalz. Damit ermöglicht das Büchlein eine erste Orientierung für Fremde und vertiefende Einsichten für Fortgeschrittene.

Viel Freude beim Lesen und Betrachten!
Michael Landgraf

Iwwerblick – Orientierung

Über eine Million Menschen leben im pfälzischen Sprachraum rechts und links des Rheins – ob im Pfälzerwald, entlang der Weinstraße, am Donnersberg oder in der Kurpfalz. Ein einheitliches Pfälzisch gibt es nicht. Von Ort zu Ort variieren Worte und Betonungen. Manche Pfälzer sprechen knorrige Urformen, manche Hochdeutsch mit pfälzischem Einschlag.
Mit dem Sprachforscher Rudolf Post kann man jedoch grob vier Sprachlandschaften des Pfälzischen unterscheiden:

Ost- oder Kurpfälzisch wird zwischen Neustadt und Heidelberg sowie in Süd- und Rheinhessen gesprochen, also im Gebiet des alten Landes „Kurpfalz", das es seit 200 Jahren nicht mehr gibt, dessen sprachliche Identität aber noch vorhanden ist.
Nordpfälzisch spricht man rund um den Donnersberg.
Westpfälzisch wird in Kaiserslautern, rund um Zweibrücken und bis in die Saarpfalz hinein gesprochen.
Südpfälzisch redet man in der Region Landau und im „Gäu" (zwischen Landau und dem Rhein).

Erkennbar sind Unterschiede der Regionen im Umgang mit dem Wort „**haben**":

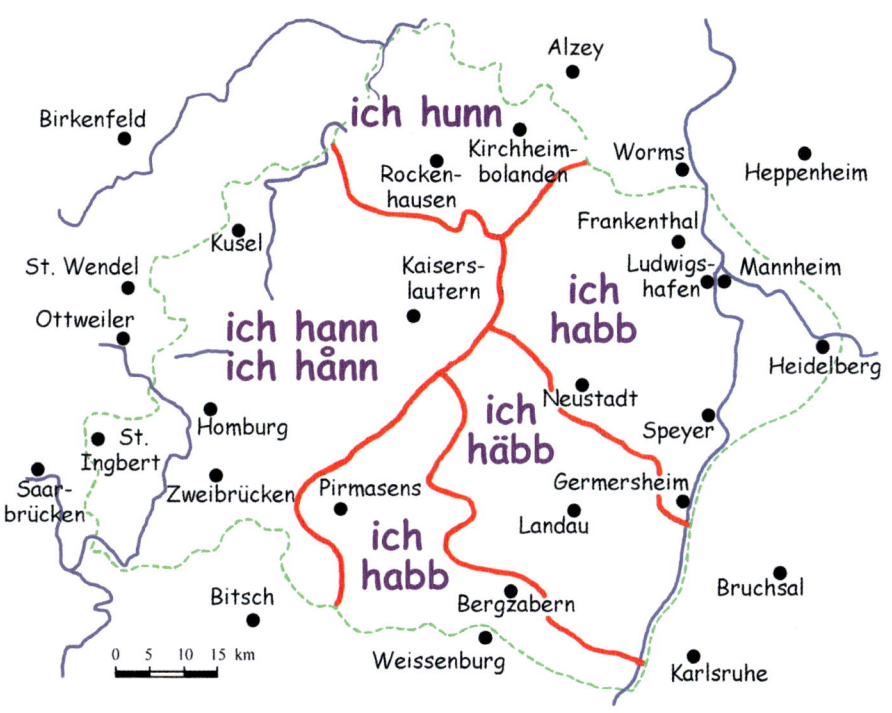

Ost- oder Kurpfälzisch: isch **hab**, du hoscht, er hot, mir / die henn
Westpfälzisch: isch **hann**, du hosch, er hadd, mir / die hann
Nordpfälzisch: isch **hunn**, du hosch, er hodd, mir / die hunn
Südpfälzisch: isch **häbb**, du hoscht, er hot, mir / die hänn

Unn? Wiie? – Erste Verständigung

Wenn Pfälzer sich begegnen, machen sie ungern viele Worte. Wo man im Hochdeutschen lange daherredet, kann eine Begegnung unter Pfälzern vielsagend sein, auch wenn kaum gesprochen wird:

Unn? Wiie?	: Guten Tag! Sei gegrüßt! Wie geht es dir?
Joo – unn selwer?	: Es geht mir gut! Und wie geht es dir?
Na alla	: Also, es geht so … Ich kann nicht klagen!
Alla dann	: Das hört sich ja gut an! Na denn, bis bald!
Alla hopp	: Also gut! Auf Wiedersehen!

Da wundert es nicht, dass ein Pfälzer „Speed-Dating" mit noch weniger Worten auskommt:
„Unn?" – „Joo …" –
„Alla hopp!"

6

Redewendungen beim Erstkontakt

Guten Tag	: Daach! / Unn, wiie?
Guten Morgen / Abend	: Morsche / Owend
Mein Name ist …	: Isch bin de … / die
Wie heißen Sie?	: Wer bischn du?
Ich komme aus …	: Isch bin vun …
Woher kommen Sie?	: Wo kummschn her?
Woher stammen Sie?	: Wem gherschn du?
Ja	: Joo / Ajoo / Hajoo
Nein	: Nää
Nie	: Im Leewe ned!
Bitte	: Bittschää / Isch krigg …
Danke	: Dankschää
Wie bitte?	: Was määnscht? / Hä?
Sprechen Sie bitte langsam	: Babbel ned so schnell
Würden Sie mir bitte …	: Dädschd mer mol …
Wie komme ich …?	: Wo gehtsn doo …?
Ein Brötchen, bitte!	: Wegg!
Guten Appetit!	: Mooolzeit!
Die Rechnung, bitte!	: Zaahle!
Auf Wiedersehen!	: Alla dann! / Alla hopp!

ISCH BABBEL PÄLZISCH!

Worzle – Wurzeln des Pfälzischen

Wurzel des Pfälzischen ist das **Südrheinfränkische**. Die Franken kamen in die heutige Region Pfalz, nachdem sie die Alemannen in den Schlachten von Zülpich (496 nach Christus) und Straßburg (506 nach Christus) besiegt hatten. Dadurch wurde auch das Alemannische in die Region südlich von Freiburg zurückgedrängt.

Eine erste literarische Blüte erreichte das Rheinfränkische um 850. **Otfried von Weißenburg** (etwa 800 - 870), geboren in Dahn, gilt als erster deutschsprachiger Dichter, dessen Name überliefert ist. Er übertrug die Evangelien in diese Volkssprache, damit Menschen, die kein Latein konnten, einen Zugang zur Bibel bekamen. Dies war umstritten, denn damals galten allein Hebräisch, Griechisch und Latein als angemessene Sprachen der Bibel. In einer Verteidigungsschrift bezeichnete Otfried diese Urform des Pfälzischen als „Lingua theodiska" („deutsche Sprache"), womit die erste Sprache, die als „Deutsch" bezeichnet wurde, das Südrheinfränkische war. Und diese war eine der Grundlagen des Mittelhochdeutschen.

Das **Mittelhochdeutsch** ist eine der Wurzeln für das Verständnis dessen, warum manches im Pfälzischen anders ist als im Hochdeutschen. Dazu mehr in der Grammatik ab Seite 20. Vor dem Hochdeutschen gab es regionale Hof- und Kanzleisprachen wie die der pfälzischen Kurfürsten am Hof zu Heidelberg und Mannheim. Die Bibelübersetzung Martin Luthers, die auch 1568 in Heidelberg und 1579 in Neustadt nachgedruckt wurde, gilt als Grundlage einer gemeinsamen Hochsprache, die allerdings erst im 19. Jahrhundert die regionalen Hofsprachen ablöste.

Eine weitere Wurzel ist das **Jiddische**. Es gab in der Pfalz seit vielen Jahrhunderten jüdische Gemeinden, wie hier der alte Friedhof in Essingen bei Landau zeigt. Das Zusammenleben hinterließ sprachliche Spuren, wie in kaum einer anderen Mundart. So wird etwas „ausballdoowert" (geplant), man findet etwas „dufte" (hebr. tow = gut) oder lebt in einem „Kaff" (hebr. Kfrar = Dorf). Besonders im zwischenmenschlichen Bereich kommt das Jiddische zum Zuge: Man gerät in einen „Schlamassel" (hebr. „schlimmer Stern"), es wird „Tacheles" (hebr. „tachilit" = Ziel, Zweck) geredet, es gibt manchmal „Zoores" (Streit) oder man „schäkert" mit einem Mädchen (jiddisch: Scheik = Busen).

Der Einfluss der **französischen Sprache** auf das Pfälzische geht auf die Nähe zu Frankreich und die häufige Besetzung durch französische Truppen seit 1688 zurück. Schon vor 200 Jahren sollen Mütter ihre Töchter ermahnt haben, keine „Fisemadende" zu machen. Man vermutet, dass französische Soldaten Mädchen mit den Worten „Visitez ma tente" – „Besucht mein Zelt" einluden und das den Müttern nicht gerade recht war.

Viele andere Begriffe finden sich. Pfälzer gehen auf der „Schossee" (chaussée) und übers „Droddwaa" (trottoir), sie sitzen auf der „Schesslong" (Sofa: chaise longue) und auf dem „Bottschamber" (Nachttopf: pot de chambre), oder sie waschen sich im Lawabo (Waschschüssel: lavabo). Sie sind nicht krank, sondern „malaad" (malade), wenn sie es eilig haben, „bressiert" es ihnen (presser), sie „bussieren" (eine Liebschaft haben: pousser) und man beendet Gespräche mit „alla" (allez). Wie Franzosen „nasalieren" die Pfälzer. Aus dem „A" wird ein nasales „O" („Chance" wird „Schoos" gesprochen), und „Woi" klingt im Vergleich zum hochdeutschen „Wein" auch eher französisch.

Uffbasse – Pfälzisch als bedrohte Sprache?

Das Pfälzische wird von der „Gesellschaft für bedrohte Sprachen e. V." mit Sitz in Köln als „vom Aussterben bedroht" eingestuft. Die alte „Mudderschprooch" gilt besonders an Schulen als verpönt. Dagegen begegnet uns eine sehr lebendige Mundartliteratur, die das geschriebene Pfälzisch am Leben erhält. An der Universität Landau untersuchen Germanisten das Pfälzische und fragen, ob es nicht auch an Schulen seinen festen Platz haben könnte – wie bei anderen bedrohten Sprachen auch.

Ur-Schprooch – Pfälzisch, die Sprache Bab(b)els?

Vor 100 Jahren hatte Paul Münch in seiner „Pälzisch Weltgschicht" die „Babylonisch Sproochverwerrung" („Turmbau zu Babel", 1 Mose 11) genauer betrachtet:

Die Sproochverwerrung awwer hat,
ä große Nochdeel, ewig schad!
Grad nor mer Pälzer schwätze noch,
die uralt Mensche-Ursprungs-Sproch.
Un all die annre fremde Leit,
die babbele seit seller Zeit,
ehr Schproche, wo kee Mensch versteht,
die arme Kerle, die dummer leed.

Dass das Pfälzische diese „Ursprooch" der Menschheit sein könnte, darauf verweist das pfälzische Wort für „sprechen" oder „reden": Es heißt **„bab(b)eln"**. Welch ein Hinweis auf die Sprache Babels, also die biblische Ursprache! Keine andere Sprachform stellt auf diese Weise eine Verbindung her.

Auch sonst scheint es Parallelen zwischen den Einwohnern von Babel (Babylon) und den Pfälzern zu geben. Babyloniern wird nämlich ein hohes Selbstbewusstsein nachgesagt – gerade so, wie man die Pfälzer einschätzen könnte.

Noch eins verbindet Babel und die Pfalz. Die Bibel beschreibt, dass das Paradies und der Garten Eden südöstlich von Babel gelegen haben. Wie die Babylonier sehen auch die Pfälzer ihr Land als das Paradies auf Erden an. Und die Pfälzer setzen sogar noch eins drauf: Für sie liegt die „Weltachse" in der Pfalz, nämlich bei Waldleiningen im Pfälzerwald. Und Aufgabe der Pfälzer ist es, diese gut mit Öl zu schmieren.

Rundrääs – Wo Pfälzisch gesprochen wird

Pfälzisch wird nicht allein zwischen Pfälzerwald und Odenwald gesprochen. Wohin Pfälzer ausgewandert sind, hielt sich ihre Sprache teils über Jahrhunderte.

Gründe für die Auswanderung waren schlimme Kriege wie der Dreißigjährige Krieg (1618–1648) oder der Pfälzische Erbfolgekrieg (1688–1697), die Religionspolitik der um 1700 zum Katholizismus gewechselten pfälzischen Kurfürsten und die wirtschaftliche Not im 19. Jahrhundert.

Pfälzer wanderten innerhalb Deutschlands aus – nach Bayern, nach Preußen und bis nach Pommern. In Europa zogen sie nach Ungarn, Polen, auf den Balkan oder nach Russland. Heute noch hält sich eine pfälzische Sprachregion in der Bukovina (Rumänien und Ukraine). Manch einer wollte nach Übersee, doch ging ihm während der Reise das Geld aus und er blieb am Niederrhein. So gründeten Pfälzer im 18. Jahrhundert die Gemeinde „Pfalzdorf" kurz vor der Niederländischen Grenze.

Viele Pfälzer erreichten aber auch Nord- und Südamerika oder Australien und gründeten Auswandererkolonien in Südbrasilien und in Südaustralien.

Im US-amerikanischen Bundesstaat Pennsylvania wurde im 18. Jahrhundert der Begriff „Palatines" (Pfälzer) zum Synonym für Einwanderer aus dem deutschen Kulturraum. Besonders bei einer Bevölkerungsgruppe kann man heute noch die Sprache der Auswanderer von einst hören: bei den „Amish"-Leuten (Amischen). Rund 300 000 Menschen sprechen noch das „Pennsilvanisch Deitsch",

das auf dem Pfälzischen basiert. Man nennt sich dort „Vadder", „Mudder", „Bu" und „Mäd", man legt die „Brotworscht" in die „Pann" und liest im eigenen Schulbuch das „Leseschtick". Auch beten die Amischen das Vaterunser in ihrer „Mudderschprooch", einer alten pfälzischen Sprachform.

Abbildungen:
Oben: Amish-Kinder auf dem Schulweg
Rechts: Aufkleber aus Pennsylvania

Nächste Seite: „Leseschtick" aus:
„A simple Grammar of Pennsylvania
Dutch" von J. William Frey (1985)

Aus dem Lesebuch der Amish

C. Leseschtick

En Bauer wuhnt in Pennsylvaani. Er hot 'n Fraa un siwwe Kinner. Der Bauer un die Fraa sin die Eldre. Die Eldre hen vier Buwe un drei Maed. Sell iss 'm Bauer sei Familye. Der Bauer iss 'n Mannskarl un die Fraa iss 'n Weibsmensch. Sie schwetze Pennsylvaanisch Deitsch. All die Mannsleit un Weibsleit in Pennsylvaani schwetze Deitsch. Die Kinner, die Buwe un Maed, schwetze Deitsch zimmlich guut. Die Eldre schwetze arig guut.

Der Mammi ihre Dechder sin all deheem. Sie schaffe far die Mammi un die Brieder schaffe far der Daadi. Die Maed sin im Haus, die Buwe sin in de Felder. Die Kinner gleiche die Eldre, die Brieder gleiche die Schweschdere un die gans Familye iss froh.

'S Haus iss grooss un die Scheier iss aa zimmlich grooss. Der Bauer hot zwee Geil, zwee Esel, ee Bull, n' paar Kieh, 'n Hund, un vier odder fimf Katze. Der Hund un die Katze sin im Haus, die Kieh un die Geil un die Esel sin in de Schtell. Ee Gaul iss weiss, ee Kuh iss brau, un der Bull iss schwarz.

Die Mammi iss froh un 'm Bauer sei Familye iss froh. Sell iss es Lewe in Pennsylvaani.

Vaterunser der Amish und „uff Pälzisch"

Unsaa Vaddaa im Himmel,
doin Nooma loss heilich soi.
Doi Reich loss kumma.
Doi Willa loss geduh soi,
uff die Eaad wie im Himmel.

Unsaa taiklich Broot
gebb uns heit,
un fergebb unsaa Schulda,

wie miah dee fagevva,
wo uns schuldich sinn.
Unn fier uns net
in die Vasuchung,
awwaa hald uns
fum Eewila.
Fer doi is es Reich,
die Graft un di
Hallichkeit in Eiwichkeit.
Amen.

Unser Vadder im Himmel,
doin Name is uns heilich.
Doi neie Welt werd kumme.
Was du willscht werd bassiere,
drowwe im Himmel odder
bei uns uff de Erd.
Geb uns jeden Daach,
was zum Leewe needich is.
Vergeb uns, wann mer
schuldich worre sinn,
un mer vergewwen denne,
die uns was aagedah henn.
Bass uff, dass mer net
in Versuchung kumme.
Hol uns raus aus dem,
was bees un schlimm is.
Weils Himmelreich,
die Kraft un die
Herrlichkeit sinn ewich doi.
Amen – so soll´s soi!

Vaterunser der Amischen

aus: „Bibelsprich uff Pälzisch"

17

Wu? Wu hiie? – Ortsnamen

Altenkirchen	: Aalekeie
Annweiler	: Annwiller
Bad Dürkheim	: Dergem
Bellheim	: Bellem
Bergzabern	: Berchzawre
Bobenheim	: Bowwerum
Bolanden	: Boolande
Deidesheim	: Deisem
Dudenhofen	: Durrehoofe
Edenkoben	: Edekowwe
Eisenberg	: Eiseberch
Enkenbach	: Enggebach
Frankenthal	: Fronggedaal
Freinsheim	: Fräänsm
Friedelsheim	: Frlsm
Geinsheim	: Goise
Germersheim	: Germersche
Godramstein	: Gorramschdää
Göllheim	: Gellem
Grünstadt	: Griestadt
Herxheim	: Herxe
Hochstadt	: Hougscht
Kaiserslautern	: Lautre
Kandel	: Kannel

Isch geb „Dergem" oi, awwer des finder nedd ...

Ah, du Quellwasser-kopp, doo muschd nadier-lisch „**BAD** Dergem" drigge!

BOIJELLE 421

Kirchheim	: Kerchem	
Kusel	: Kuusl	
Lambrecht	: Lombreschd	
Lambsheim	: Lambsm	
Landau	: Landaach / Landääch	
Ludwigshafen	: Lumbehaafe	
Lustadt	: Loscht / Luscht	
Meckenheim	: Meckrem	
Mutterstadt	: Muddastadt	
Neuhofen	: Neihoffe	
Neustadt	: Neischdadt	
Obermoschel	: Owwermoschl	
Otterberg	: Oddaberch	
Pirmasens	: Bärmesens	
Rockenhausen	: Roggehause	
Rodalben	: Roodalwe	
Roxheim	: Roxe	
Rülzheim	: Rillze	
Speyer	: Schbeier	
Sankt Martin	: Maade	
Wachenheim	: Wachrem	
Weilerbach	: Willerbach	
Weingarten	: Wingerde	
Winnweiler	: Winnwiller	
Wolfstein	: Wolfstää	
Zweibrücken	: Zweebrigge	

Bärmesens

(Pirmasens)

Frlsm

(Friedelsheim)

©www.agrs.tv

Maade

(St. Martin)

Wingerde

(Weingarten)

©www.agrs.tv

Escht Pälzisch – Merkmale, Grammatik & mehr

Im Folgenden werden typische Merkmale des Pfälzischen mit Textbeispielen genauer unter die Lupe genommen.

Ein Merkmal besonders des Ost- und Kurpfälzischen ist, dass man überall dessen Sprachmelodie gleich erkennt: Man **„singt"** beim Reden.
Das „O" in „Hajo-o-o" (= Ja) kann in mehreren Wellen „gesungen" werden.

Ein weiteres Charakteristikum ist, dass man in der Pfalz nicht übertrieben lobt. **„Kommer losse!"** („Kann man lassen!") ist das höchste Lob, das mancher Pfälzer über die Lippen bringt.

Eine grammatikalische Besonderheit ist: Pfälzer meiden den **Genitiv.** Verben, Präpositionen und Adjektive, die nach dem Genitiv verlangen, werden gemieden. Stattdessen wird der Dativ verwendet:
„Ä Glas vum beschde Woi" oder auch: „Moim Vadder soi Haus".
„Georg aus der Familie Müller" heißt dann: „De Müllers (ehrn) Schorsch".

Die Lautverschiebung von „Pf" zu „P" ...

... ist erkennbar bei „Pfalz" und „Pfälzisch" – „Palz" und „Pälzisch", „Knopf" – „Knopp" oder „Pfarrer" – „Parrer".
So kommt es zum Satz:

> *„In de Palz geht de Parrer mit de Peif in die Kärch."*

Neben der Lautverschiebung wird hier deutlich, dass auch bei der Kirche in der Pfalz manches anders läuft als anderswo.
Der weltweit bekannte rebellische Name „Protestanten" entstand im Jahre 1529 in Speyer, als auf dem Reichstag evangelische Fürsten und Städte gegen den Kaiser aufbegehrten. Dass Pfarrer mit der Pfeife in die Kirche gehen, das unkte man, als weite Teile der Pfalz ab 1560 reformiert wurden. Für diese evangelische Richtung ist das Kirchengebäude kein heiliger Raum an sich, sondern nur Versammlungsort der Gemeinde. Außerdem waren einige Rädelsführer beim „Hambacher Fest" (1832) protestantische Pfarrer.

Interrogativpronomen (Fragefürwörter) wie „Welcher?", „Welche?", „Welches?" werden im Pfälzischen zu „Weller?", „Welli?" oder „Welles?".

Relativpronomen (Bezügliche Fürwörter) wie „welcher" oder „welche" werden zu „der" und „die"; „welcher" wird durch „wo" oder „wu" ersetzt: „Der wu do laaft".

Beim **Komparativ** (Vergleich) wird „als" in „wie" umgewandelt: „De Karl is kläner wie de Schorsch".

Namen werden **mit Artikel** genannt: „De Michel". In der West-, Saar- und in Teilen der Nordpfalz wird über **Frauen im Neutrum** gesprochen: „Es Petra hot ..." („Die Petra hat ...").

Auch **Artikelwechsel** sind für Fremde irritierend. So wird beispielsweise mancherorts „die Butter" zu „der Budder" oder „der Bach" zu „die Bach".

Die **nasale Aussprache** im Pfälzischen (siehe Seite 10) zeigt sich in „Wein" – „Woi" oder bei „einladen" – „oilaade".

Uhrzeiten werden verkürzt: „15 Minuten nach zwei Uhr" ist „verdl drei",
„15 Minuten vor drei Uhr" ist „dreiverdl drei".

Rhotazismus (griech.: Rho = R) meint, dass manche Pfälzer gerne Konsonanten in ein „R" verwandeln: z.B. „Wetter" in „Werrer", „oder" in „orrer".

Weitere Merkmale des Pfälzischen werden nun auf den Seiten 24 bis 27 ausführlicher und mit Textbeispielen vorgestellt:

Weesch mache – Konsonantenerweichung

Pfälzer sprechen vieles weicher aus als im Hochdeutschen. Dies betrifft besonders die hart klingenden Konsonanten. Beispiele für Konsonantenerweichung (Lenisierung) sind:

t wird d: Tag – Daach, tot – dood, Alte – Alde, Mutter – Mudder
p wird b: Klumpen – Klumbe, Apfel – Abbel
b wird w: Leben – Leewe, aber – awwer, haben – hawwe
k wird g/gg: dreckig – dreggich, trocken – drogge
Sp/st wird schb/schd: Wespe – Weschb, Fest – Feschd

Lang zieche – Dehnungen

Sucht man nach Dehnungen, wird man seltener fündig. Typisches Beispiel für das „Lang zieche" ist „sagen" – „saache". Warum aus der „Schule" ein lang gezogenes „Schuul" wird, liegt sicher nicht daran, dass Pfälzer lieber als andere Leute zur Schule gehen. Oder erinnert man sich daran, dass Bauern- und Winzerkinder trotz Schulpflicht in Saat- und Erntezeiten noch im 19. Jahrhundert nicht die Schule besuchen konnten, weil ihre armen Eltern sie für die Arbeit auf dem Feld brauchten? Eindeutig ist es beim Wort „Paradies" – „Paradiies". Hier weiß man, dass Pfälzer ihre Heimat als Paradies sehen (siehe Seite 13). Bereits vor rund 100 Jahren hat Paul Münch diesem Gedanken in der „Pälzer Weltgschicht" ein literarisches Denkmal gesetzt:

Un wie die Welt ganz fertig war,
und alles scheen und wunnerbar,
Do sa´t er (Gott) mit `me stolze Blick:
„Die Palz, das ist mei Meeschterstick.
mer merkt, dass ich allmächtig bin,
do mach ich´s Paradies enin.

Paradiesbaum Neustadt

Korz mache – Wortkürzungen

Als ob Pfälzer mit einer Schere im Kopf geboren wurden! Es finden sich unzählige Wortkürzungen. Meist sind Pfälzern Worte im Hochdeutschen zu lang – oder sie ertragen kein langes „Gebabbel" um Unwichtiges (siehe Seite 6). Daher werden zu lang geratene Worte oder Vorsilben verkürzt. Typisch sind das Weglassen von Endungen oder deren Umwandlung in Verdoppelungen sowie das Verkürzen durch Umwandeln von Umlauten:

auch	– aa / ach
auf / hinauf	– uff / nuff
gesagt	– gsacht
hinunter	– nunner
haben	– hab / henn
heute	– heit
machen	– mache
sollen	– solle
setzen	– setze
sind	– sinn
Wiese	– Wiss
zusammen	– zamme
Tüte; Tütchen	– Dudd; Diddl

Soll ich´s in ä Diddl duu?

Nää, isch duus in moi Dudd dezu.

BOISELLE 364

Umwannle – Umwandlung von Vokalen/Umlauten

Viele Umlaute spricht man anders als im Hochdeutschen aus. Das Pfälzische behielt die Aussprache des Mittelhochdeutschen bei, während die Kunstsprache „Hochdeutsch" diese veränderte. Sprachwissenschaftlich korrekt heißt dies, dass man im Pfälzischen die ursprüngliche Aussprache wiederentdeckt. „Umwandeln" meint damit ein Zurück zu den Wurzeln des Deutschen.

a wird zu o	: Frage – Frooch; Plage – Plooch
ä wird ee	: Käse – Kees; spät – schpeed
au wird aa/ää	: Frau – Fraa/Frää; Baum – Baam/Bääm
au wird u	: auf – uff; hinauf – nuff
äu wird ai/ei	: Mäuse – Mais; Räuber – Raiwer
e wird ee	: Regen – Reeche
ei wird ee	: teilen – deele
ei wird oi	: Wein – Woi; mein – moi
ei wird ä/ää	: kleiner – klä(ä)ner; meinen – mä(ä)ne
eu wird ää	: Freude – Frääd
eu wird ei	: Kreuz – Kreiz; euch – eich; Freund – Freind
i wird ä oder e	: Kirche – Kärch/Kerch; wirklich – wärklich/werklich
o wird u	: Sonne – Sunn; Sommer – Summer
ö wird e/ee	: können – kenne; König – Keenich; böse – bees
ü wird i/ie	: Schüssel – Schissel; Brüder – Brieder
u wird o	: Wurst – Worscht; Wurm – Worm

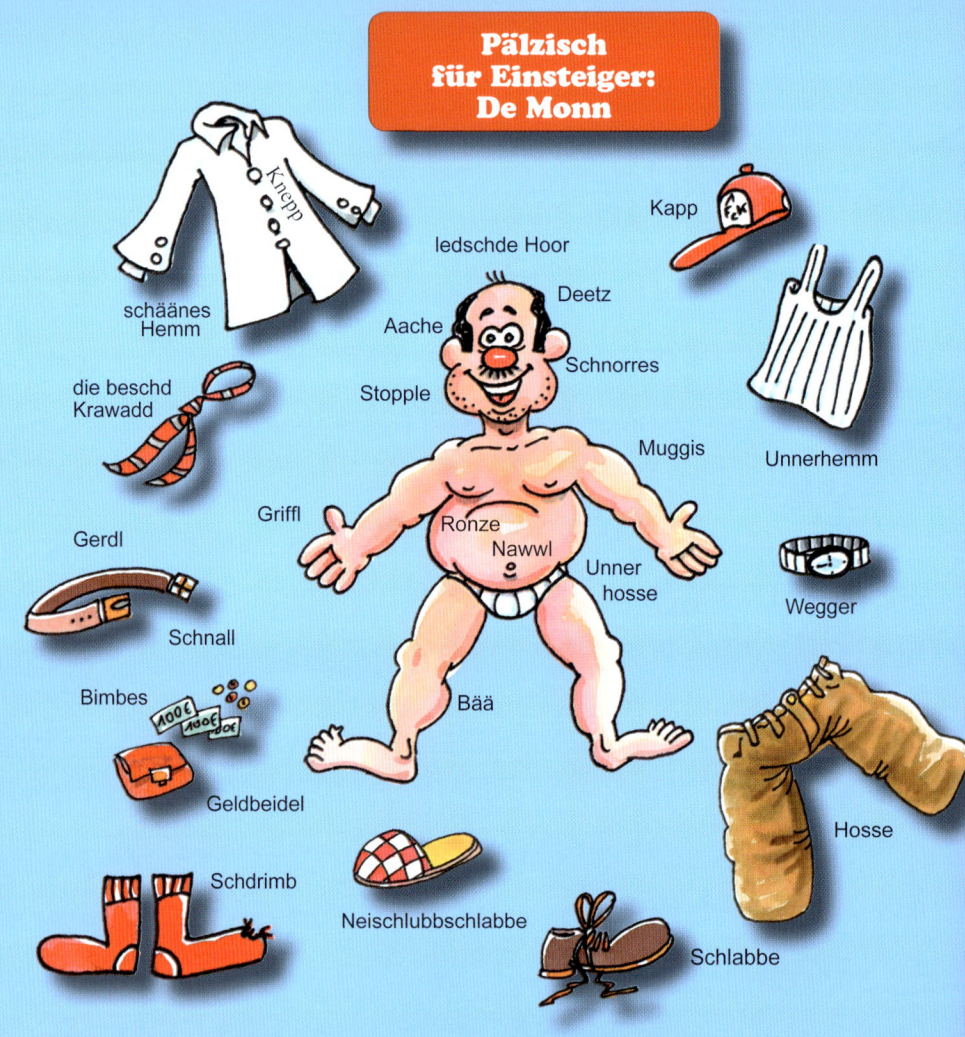

Iwwerleewe – Essen und Trinken

Um in der Pfalz überleben zu können, sollte man
Grundnahrungsmittel beim Namen nennen können:

Brot   : Brood
Brötchen   : Wegg
Nudeln   : Nuudle
Zucker   : Zugger

Obst –   **Obschd**
Apfel   : Abbel
Birne   : Beer
Kirsche(n)   : Kersche
Traube(n)   : Trauwe
Pfirsich   : Persching
Zwetschge   : Quetsche

Gemüse –   **Gemiies**
Karotte   : Gellerieb
Kartoffel   : Grumbeer
Kastanie   : Käschde
Spargel   : Schbarschel
Zwiebel   : Zwiwwel
Rettich   : Reddisch

Aus der Metzgerei – Vum Mezzcher

Wurst	: Worschd
Bratwurst	: Broodworschd
Fleisch	: Flääsch
Fleischklos	: Flääschknopp
Leberknödel	: Lewwerknopp
Hühnchen	: Hinkel
Saumagen	: Saumaache / Saumaage
Rippchen	: Ribbsche
Soße	: Soos
Wildschwein	: Schwarzkiddl

Pfälzer Teller – Pälzer Deller

Lewwerknopp
(ab zwää: Lewwerknepp)

Brood-
worschd

Saumaage

Kraud

Brood

Soos

De Woi – Der Wein

Wie das römische Weingut in Ungstein zeigt, wurde Wein von den Römern in der Pfalz eingeführt und ist seither Grundnahrungsmittel. Die folgenden Ausdrücke sollte man kennen:

Wein	: Woi / Wai
Weinberg	: Wingert
Flasche	: Fläschl
„Tupfenglas" für Wein	: Dubbeglas
Korken	: Stobber / Stubbe
sehr trocken	: forzdrogge
Neuer Wein (süß)	: Sießer
Neuer Wein (herb)	: Bitzler
½ Liter Riesling mit wenig Wasser	: Rieslingschorle
Halb Riesling, halb Wasser	: Audofahrerschorle
Weniger als ein ¼ Liter Wein	: Schluggimpfung

Anleitung:

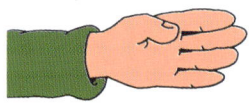
① Vier Finger breit Wein

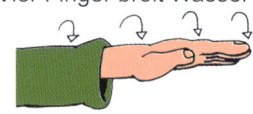
② Hand um 90° drehen: Vier Finger breit Wasser

Römisches Weingut Ungstein

32

Unnerweechs – In der Pfalz herumreisen

Nach Orten fragen

Straße	: Schdrooß
Gasse	: Gass
Bahnhof	: Baahhof
Hotel	: Herberch
Kneipe	: Beiz
Bewirtschaftete Hütte	: Hitt
Badesee	: Baggerweier

Für den Notfall

Apotheke	: Abbedeek
Arzt	: Doggder
Zahnarzt / Augenarzt	: Zaahdoggder / Aachedoggder
Tropfen / Tablette	: Drobbe / Tablett
Zäpfchen	: Zebbl
Ich fühle mich matt	: Isch bin määrb
Ich bin krank	: Isch bin malaad
Ich habe Kopfschmerzen	: Isch habb Koppweeh
Ich habe Durchfall	: Isch habb Dinnschiss
Ich habe Sonnenbrand	: Isch habb än Sunnebrand

Babbelgrundlaach – Grundwortschatz Pfälzisch

Wer sich in der Pfalz und unter Pfälzern zurechtfinden will, der sollte sich einen Grundwortschatz aneignen. Das folgende Wörterbuch bietet rund 200 Begriffe, welche die Basis des Pfälzischen bilden.

a / aa / ach	: auch
Aach / Aag	: Auge
Abbord	: Toilette
all	: aufgebraucht
alla / allee	: also gut / Los geht's
Alla dann	: Na dann / Auf Wiedersehen
Alla hopp	: also gut / Los geht's.
allää	: allein, von selbst
allweil	: soeben, gerade
annerschd	: anders, verschieden
äns	: eins
ausbixe	: ausbrechen
Bää	: die Beine
Baam / Bääm	: Baum / Bäume
Babbe	: Vater, Papa
babbeln / babble	: reden, sprechen
babbisch	: klebrig
Bagaasch	: Leute / Verwandtschaft
Banggert	: Kind (abwertend)

PROOSCHD!

34

Batschkapp	: flache Mütze
Beer	: Birne
Beiz	: einfaches Lokal
Belseniggel	: Weihnachtsmann
Bettel	: Kram, Sachen
bissel	: (ein) bisschen
bittschää	: bitte
bleed	: dumm
Bloos	: Familie
Blunz	: Blutwurst/Person (abwertend)
Bobbelsche	: Kleinkind, Baby
Bobbes	: Hinterteil; Popo
Bobbeschees	: Kinderwagen
Bolle	: Kugel
Borsch	: junger Mann
Bottschamber	: Nachttopf
Brabbl	: Schlamm, Matsch
bressiere	: es eilig haben
Brieh	: Getränk (abwertend)
bussiere	: eine Liebschaft haben
Butzlumbe	: Putzlappen
Buu/Buwe	: Junge/Jungen
dabbisch	: dämlich
dankschää	: danke
Dasch	: Tasche
Debbisch	: Teppich, Wolldecke

Alla hopp!

35

Deer	: Tür
Deets	: Kopf
dehäm	: zu Hause
desdeweche	: deshalb
dewedder	: dagegen
Dibbelschisser	: genauer Mensch
dischbidiere	: disputieren, streiten
doddelich	: weich
dodebei	: dabei
dodefor	: dafür
dodemit	: damit
dodenoch	: danach
dodezu	: dazu
Doggder	: Doktor, Arzt
dohie / dorthie	: dahin / dorthin
Dollbohrer	: ungehobelter Mensch
do nuff	: dort hinauf
Dorschd	: Durst
Draanfunsel	: unmotivierter Mensch
Droddwaa	: Gehweg
drowwe	: oben
Dubbe	: Punkt, Tupfen
Dudd	: Tüte
dummbabbeln	: über jemanden schlecht reden
Duwak	: Tabak

ebbes	: etwas
Elwetritsche	: pfälzische Fabelwesen (siehe S. 39)
Erbsezääler	: Geizhals
Erwed	: Arbeit
faad	: fade, geschmacklos
Fäng krigge	: Schläge, Prügel bekommen
fer umme	: umsonst
Ferz	: Überflüssiges
Ferzmacher	: Sprücheklopfer, Großmaul
Fisemadende	: Dummheit (machen)
Fieß	: Füße, Beine
Fleesch	: Fleisch
frääe	: freuen
Gäscht	: Gäste
Gass	: Straße, Gasse
Gawwl	: Gabel
Geknoddel	: Durcheinander
Gellerieb	: Karotte, Möhre („Gelbe Rübe")
gell?	: nicht wahr? / oder?
Geplärr	: Geschrei, Klage
Giftniggel	: heimtückischer Mensch
Goggl	: Hahn
Gosch	: Mund (abwertend)
Griffel	: Finger (abwertend)
groine	: weinen
Grumbeer	: Kartoffel

Elwetritsche-Anatomie

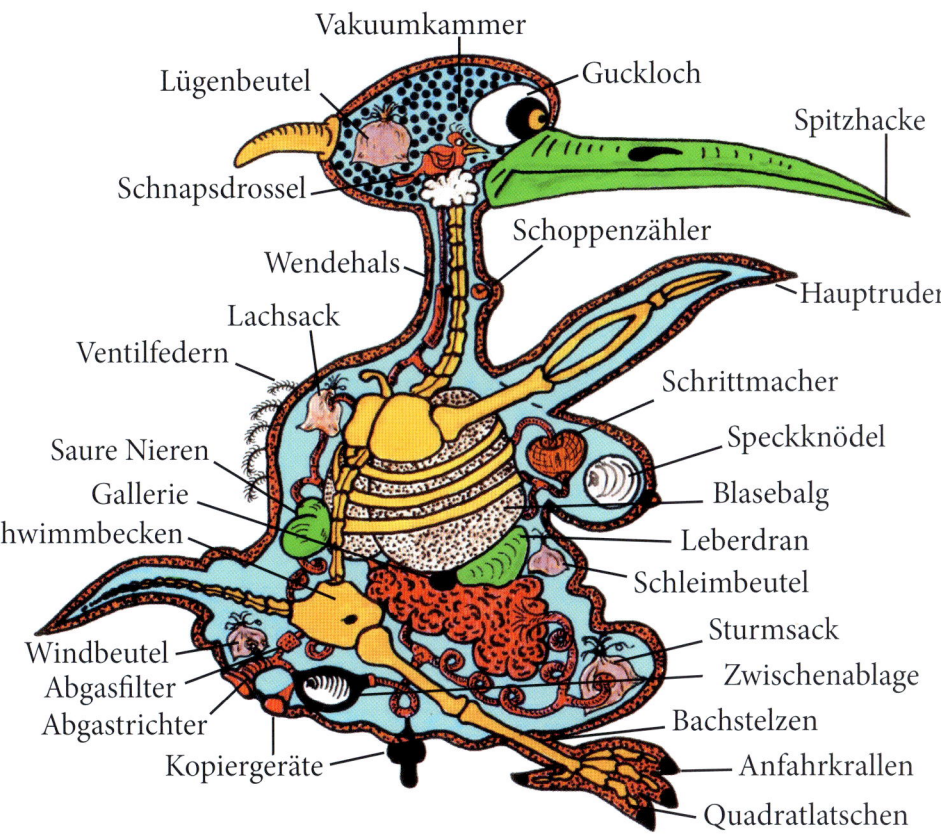

Vakuumkammer
Lügenbeutel
Guckloch
Spitzhacke
Schnapsdrossel
Schoppenzähler
Wendehals
Hauptruder
Lachsack
Schrittmacher
Ventilfedern
Speckknödel
Saure Nieren
Blasebalg
Gallerie
Leberdran
Schwimmbecken
Schleimbeutel
Sturmsack
Windbeutel
Zwischenablage
Abgasfilter
Abgastrichter
Bachstelzen
Kopiergeräte
Anfahrkrallen
Quadratlatschen

Mehr zu den Elwetritschen in: „Elwetritsche",
von Michael Landgraf und Wulf Werbelow (AGIRO Verlag)

Illustration: Walter Rupp

gugg emol	: schau mal
Gutsel	: Bonbon
Haffe	: Topf
Hajo!	: natürlich / ja!
hammers?	: haben wir es? sind wir fertig?
heewe	: halten („heben")
Hinkel	: Huhn
hinnerfotzisch	: hinterlistig
hogge	: sitzen, hinsetzen
Hoor	: Haar
Hoordieb	: Friseur
Howwl	: Hobel / grober Mensch
hubbse	: springen
huddle	: hektisch sein und Fehler machen
iwwerall	: überall
iwwerzwerch	: übermütig, aufgedreht
iwwl	: übel
Kärch/Kerch	: Kirche
Kersche	: Kirschen
Kerwe	: Kirchweih, Dorffest
Käschde	: Esskastanien
Kiddl	: Jacke
Kligger	: Murmel
kloor	: gut, angenehm
knoddere	: schmollen
Kratzberscht	: unfreundliche Person

kriegge	: bekommen
lääde	: ein Leiden haben
laafe	: gehen
lamendiere	: jammern
Labbeduddl	: willenloser Mensch
leewe	: leben
letz	: verkehrt
loowe	: loben
määrb	: mürbe, ausgelaugt sein
malaad	: krank
Meedel / Mäd	: Mädchen
Migg	: Mücke
minonner	: miteinander
Mollekepp	: Kaulquappen
Moores	: Angst
Morsche	: Morgen / Guten Morgen!
motze	: sich beschweren
Mudder, Mamme	: Mutter, Mama
Muus	: Marmelade
niwwer	: hinüber
nochher / nodherd	: später
noidabbe	: hineintreten
Noigschmeggde	: Zugezogene, Fremde
Noos / Naas	: Nase
nuff	: hinauf
nunner	: hinunter

olwer	: grob, ungeschickt, schwerfällig
Owacht!	: Achtung!
Owend	: Abend; Guten Abend! (Gruß)
Pann	: Pfanne
Persching	: Pfirsich
petze	: jemanden verraten / kneifen
pienze	: jammern, weinerlich sein
plotze	: rauchen
Quetsche	: Zwetschgen
raatsche	: tratschen
ratze	: schlafen
Riwwelkuche	: Streuselkuchen
riwwer	: hinüber
rumlaafe	: herumlaufen
schaffe	: arbeiten / etwas anstellen
Schdiwwl	: Stiefel / Schuh
Schdrimp	: Strümpfe
schdumbe	: schubsen
scheel	: schräg / komisch dreinschauen
Scheier	: Scheune
schelle	: klingeln
schepp	: schief
Schesslong	: Sofa
schierga	: beinahe
schinant	: schüchtern
Schlabbe	: Schuh

Schlabbgosch	: einer, der viel spricht
schlotze	: schlecken
Schluri	: Schlitzohr
schmeiße	: werfen
schnabuliere	: genießen (Essen und Trinken)
Schnawwl	: Schnabel, Mund
schneegisch	: verwöhnt, wählerisch
Schnoog	: Schnake, Stechmücke
Schnorres	: Schnurrbart, Schnauzbart
Schnubbe	: Schnupfen
Schnuut	: Mund
Schobbe	: halber Liter Wein
Schossee	: Straße
Schwars nedd	: Ich war es nicht!
Schwarzkiddl	: Wildschwein
schwetze	: sprechen, unterhalten
Seef	: Seife
sell / selli / seller	: dieses / diese / dieser; jenes / jene / jener
sellemols	: damals
Simbel	: Dummkopf
Schbarschel	: Spargel
Sunn	: Sonne
Trauwe	: Traube(n)
Trottwaa / Droddwa	: Gehweg
Trumm / Drumm	: Brocken / sehr groß
uff	: auf

uffbasse	: aufpassen / pass auf!
unn / unn wiie?	: und / und, wie geht's?
uuze	: spotten
Vadder	: Vater
verzeele	: erzählen / falsch addieren
Wackes	: Franzose
weeschd?	: weißt Du?
Wegg	: Brötchen
Wingert	: Weinberg
Wiss	: Wiese
Wohret	: Wahrheit
Woi	: Wein
Worschd	: Wurst
Wutz	: Schwein
Xox	: unangenehme Gesellschaft
zakkre	: pflügen
Zeeh	: Zehe
zobble	: ziehen, zupfen
Zoores	: Krach, Ärger
Zorniggl	: aufbrausender Mensch
zwee	: zwei
Zwiwwl	: Zwiebel
zwiwwle	: einem körperlich wehtun
Zwoggl	: Bayer; Angeber

Pälzer Visioon – Pfälzisch als Weltsprache

 Wenn alle Menschen auf der Welt dieselbe Sprache sprechen würden – wäre es da nicht einfacher, sich zu verstehen? Bei der Suche nach einer verbindenden Sprache für alle läge das Pfälzische sicher weit vorne. Und dafür gibt es gute Gründe:

Pfälzisch ist ursprünglich

Wie eine Legende beschreibt, verbirgt sich hinter dem pfälzischen „Babbeln" die biblische Ursprache (S. 12). Tatsächlich liegen die Wurzeln des Pfälzischen in einer sehr alten Sprache, dem Rheinfränkischen (Seite 8). Vieles aus dem Mittelhochdeutschen blieb im Pfälzischen erhalten (Seite 27). Qualität hält sich bekanntlich!

Pfälzisch ist vernetzt

Pfälzisch ist offen für andere Sprachen. So gelang es, vieles aus dem Französischen zu integrieren, wie auch jiddische Ausdrücke, die auf die hebräische Sprache zurückgehen (Seite 9). Somit ist das Pfälzische bereits eine Mischung aus einer alten germanischen, einer romanischen und einer orientalischen Sprache. Auch dass man über pfälzische Sprachinseln in der Welt pfälzischen „Native Speakern" begegnen kann, zeigt das Vernetzungspotential des Pfälzischen (Seiten 14-15).

Pfälzisch ist herzlich

Pfälzisch spricht man aus vollem Herzen. Und genau darauf kommt es bei der Verständigung an: Dass eine Kommunikation von Herzen kommt.

Pfälzisch ist direkt

Kurz und klar bringen Pfälzer auf den Punkt, worum es ihnen geht. So gelingt Verständigung ohne viele Worte: Angefangen bei der Begrüßung bis zum „Speed-Dating" (Seite 6). Auf dem Weg zu einer weltweiten Verständigung kann das Pfälzische damit einen wertvollen Beitrag leisten. Selbstbewusst und offen zugleich wissen Pfälzer in ihrem Herzen lange schon, wie der wahre Friede auf der Welt erreicht werden kann: Wenn alle Menschen auf der Welt „so babble deeden wie mir".

Es wird keinen Frieden geben, wenn nicht alle Menschen lernen, einander zu verstehen.

Awwer wie krigge mer die all dezu, **Pälzisch** zu redde?

De Schreiwer (Autor) Michael Landgraf ist Dozent in der Lehrerfortbildung und überträgt seit über 20 Jahren Texte in Pfälzer Mundart. In der „Bibel uf Pälzisch" (2003) hat er eine Grammatik und ein Wörterbuch des Pfälzischen entwickelt. Aus seiner Feder stammen Werke wie die „Bibelsprich", die „Woihnachtsgschicht uff Pälzisch", „Kärchejohr" sowie Bücher zur pfälzischen Geschichte und Elwetritschenkunde.

De Kinschtler (Illustrator) Steffen Boiselle ist einer der bekanntesten Cartoonisten der Pfalz. Er setzt sich als „100 % PÄLZER!" grafisch seit vielen Jahren mit der Pfälzer Lebensart auseinander.

Steffen Boiselle & Clemens Ellert
Sauterstraße 36
67433 Neustadt an der Weinstraße
Fon: 0 63 21 - 48 93 43
Fax: 0 63 21 - 48 93 45
Mail: info@agiro.de

© 2016 AGIRO Verlag / Michael Landgraf & Steffen Boiselle
4. Auflage
Satz & Layout: Clemens Ellert
Lektorat: Ines Boiselle-Svrcina
ISBN: 978-3-939233-30-5

Weitere Informationen unter
www.agiro.de

Kerchem •

Grienschdadt •   Frankedaal •

• Kuusl

Dergem •   Ludwigshaafe
                am Roi •

Lautre •

Neischdadt •
an de Woischdroos

Schbeier •

Germersche •

Zweebrigge •

Bärmesens •   Landaach •